Hymne à l'amour

Djessa Gervais Gnaco

HYMNE À L'AMOUR

Tiré du livre Cantique des Cantiques

Édition : BoD · Books on Demand, 31 avenue Saint-Rémy,

57600 Forbach, bod@bod.fr

Impression : Libri Plureos GmbH, Friedensallee 273, 22763 Hamburg (Allemagne)

ISBN : 978-2-3225-5340-2

Dépôt légal : avril 2025

Table des matières

Avant-Propos

Dans le Cantique, l'abondant usage d'un langage hautement figuratif, évocateur, suggestif est évoqué.

Les images sont souvent empruntées au domaine de la nature.

Les descriptions champêtres ajoutent au charme du sujet.

Un tel langage permet d'évoquer la relation amoureuse, l'intimité conjugale, les sensations que produisent la découverte de l'autre, et la sexualité, en évitant cependant de verser dans la crudité ; au contraire, le Cantique fait preuve d'un raffinement certain.

Émile Nicole

Introduction

« Je peux parler les langues des hommes et les langues des anges. Mais si je n'aime pas les autres, je suis seulement une cloche qui sonne, une cymbale bruyante.

Je peux distribuer toutes mes richesses à ceux qui ont faim, je peux livrer mon corps au feu. Mais si je n'aime pas les autres, je n'y gagne rien !

L'amour est patient, l'amour rend service. Il n'est pas jaloux, il ne se vante pas, il ne se gonfle pas d'orgueil.

L'amour ne fait rien de honteux. Il ne cherche pas son intérêt, il ne se met pas en colère, il ne se souvient pas du mal.

Il ne se réjouit pas de l'injustice, mais il se réjouit de la vérité.

L'amour ne disparaît jamais. »

— 1 Corinthiens 13, 1-8

Célébrons l'amour

Ah ! Que ta bouche me couvre de baisers, car ton amour est plus exaltant que le vin.

Combien suaves sont tes parfums, ton nom est comparable à une huile odorante qui se répand.

Voilà pourquoi les jeunes filles sont éprises de toi.

Entraîne-moi derrière toi ! Courons ensemble !

Réjouissons-nous, soyons dans l'allégresse à ton sujet !

Célébrons ton amour plus exaltant que le vin !

C'est bien avec raison qu'on est épris de toi.

Ô toi que mon cœur aime, dis-moi où tu fais paître ton troupeau de brebis, où tu le feras reposer à l'heure de midi, pour que je ne sois pas comme une femme errante, rôdant près des troupeaux que gardent tes compagnons.

Ô mon amie, je te trouve pareille à une jument d'attelage du pharaon.

Tes joues sont belles entre les perles, ton cou est beau dans tes colliers.

Car mon bien-aimé est pour moi comme un sachet de myrrhe, entre mes seins, il passera la nuit.

Oui, mon bien-aimé est pour moi un bouquet de henné des vignes d'Eyn-Guédi[1].

Que tu es beau, mon bien-aimé, tu es superbe !

Dans la verdure est notre lit.

---

[1] Eyn-Guédi : oasis alimentée par une source, à l'ouest de la mer Morte, où poussent beaucoup de plantes aromatiques.

Maladie d'amour

Moi, je suis une fleur qui pousse dans les plaines du Saron, un lis de la vallée.

Comme un pommier parmi les arbres de la forêt, tel est mon bien-aimé parmi les jeunes gens, j'ai grand plaisir à m'asseoir à son ombre.

Combien son fruit est doux à mon palais.

Son bras gauche soutient ma tête, et son bras droit m'enlace.

J'entends mon bien-aimé, oui, le voici, il vient, sautant sur les montagnes, bondissant sur les collines.

Mon bien-aimé est semblable à la gazelle, ou au faon des biches.

Le voici, il se tient derrière notre mur, il regarde par les fenêtres, il regarde à travers les treillis.

Mon bien-aimé m'a parlé, et m'a dit : Lève-toi, mon amie, ma belle, et viens !

Car voici, l'hiver est passé, la pluie a cessé, telle s'en est allée.

Le figuier embaume ses figues d'hiver, et les vignes en fleur exhalent leur parfum. Lève-toi, mon amie, ma belle, et viens !

Ma colombe, qui te tient dans les fentes du rocher, dans les cachettes des lieux escarpés, montre-moi ton visage, fais-moi entendre ta voix ; car ta voix est douce, et ton visage est agréable.

Mon bien-aimé est à moi, et je suis à lui, qui paît parmi les lis.

Jusqu'à ce que l'aube se lève et que les ombres fuient.

Tourne-toi ; sois semblable, mon bien-aimé, à la gazelle ou au faon des biches sur les montagnes escarpées.

Pensées nocturnes

Sur mon lit, durant les nuits, j'ai cherché celui qu'aime mon âme ; je l'ai cherché, mais je ne l'ai pas trouvé.

Je me lèverai maintenant, et je ferai le tour de la ville dans les rues et dans les places ; je chercherai celui qu'aime mon âme.

Je l'ai cherché, mais je ne l'ai pas trouvé.

À peine avais-je passé plus loin, que j'ai trouvé celui qu'aime mon âme ; je l'ai saisi, et je ne l'ai pas lâché que je ne l'aie amené dans la maison de ma mère, et dans la chambre de celle qui m'a conçue.

Qui est celle-ci qui monte du désert, comme des colonnes de fumée, parfumée de myrrhe et d'encens, et de toutes sortes de poudres des marchands ?

Le roi Salomon s'est fait un palanquin de bois du Liban.

Sortez, filles de Sion, et voyez le roi Salomon, avec la couronne dont sa mère l'a couronné au jour de ses fiançailles, et au jour de la joie de son cœur.

« L'amour ne fait point de mal au prochain. L'amour est une force puissante capable de surmonter tous les obstacles et toutes les difficultés. »

Que tu es belle, ô mon amie

Voici, tu es belle, mon amie ; voici, tu es belle ! Tes yeux sont des colombes derrière ton voile ; tes cheveux sont comme un troupeau de chèvres sur les pentes de la montagne de Galaad.

Tes dents sont comme un troupeau de brebis tondues, qui montrent du lavoir, qui toutes ont des jumeaux, et pas une d'elles n'est stérile.

Tes lèvres sont comme un fil écarlate, et ta bouche est agréable ; ta joue est comme un quartier de grenade derrière ton voile.

Tes deux seins sont comme deux faons jumeaux d'une gazelle, qui paissent parmi les lis.

Tu es toute belle, mon amie, et en toi il n'y a point de défaut.

Viens avec moi au Liban, ma fiancée, viens du Liban avec moi ; regarde du sommet de l'Amana, du sommet du Senir et de l'Hermon, des tanières des lions, des montagnes des léopards.

Tu m'as ravi le cœur, ma sœur, ma fiancée ! Tu m'as ravi le cœur par l'un de tes yeux, par l'un des colliers de ton cou.

Que de charme ont tes amours, ma sœur, ma fiancée ! Que tes amours sont meilleurs que le vin, et l'odeur de tes parfums plus que tous les aromates !

Tes lèvres, ma fiancée, distillent le miel ; sous ta langue il y a du miel et du lait, et l'odeur de tes vêtements est comme l'odeur du Liban.

Tu es un jardin clos, ma sœur, ma fiancée, une source fermée, une fontaine scellée.

Une fontaine dans les jardins, un puits d'eaux vives, qui coulent du Liban !

Réveille-toi, nord, et viens, midi ; souffle dans mon jardin, pour que ses aromates s'exhalent ! Que mon bien-aimé vienne dans son jardin, et qu'il mange ses fruits exquis.

Rendez-vous manqué

J'entre dans mon jardin, ma sœur, ma fiancée ; je cueille ma myrrhe avec mes aromates, je mange mon rayon de miel avec mon miel, je bois mon vin avec mon lait...

Mangez, amis, buvez, enivrez-vous d'amour !

J'étais endormie, mais mon cœur veillait...

C'est la voix de mon bien-aimé, qui frappe : ouvre-moi, ma sœur, mon amie, ma colombe, ma parfaite !

Car ma tête est couverte de rosée, mes boucles sont pleines des gouttes de la nuit.

J'ai ôté ma tunique ; comment la remettrais-je ? J'ai lavé mes pieds ; comment les salirais-je ?

Je me suis levée pour ouvrir à mon bien-aimé ; Et de mes mains a dégoûté la myrrhe, de mes doigts, la myrrhe répandue sur la poignée du verrou.

Qu'a ton bien-aimé de plus qu'un autre, ô la plus belle des femmes ? Qu'a ton bien-aimé de plus qu'un autre, pour que tu nous conjures ainsi ?

Mon bien-aimé est blanc et vermeil ; il se distingue entre dix mille.

Sa tête est de l'or pur ; Ses boucles sont flottantes, noires comme le corbeau.

Ses yeux sont comme des colombes au bord des ruisseaux, se baignant dans le lait, reposant au sein de l'abondance.

Ses joues sont comme un parterre d'aromates, une couche de plantes odorantes ; Ses lèvres sont des lis, d'où découle la myrrhe.

Ses mains sont des anneaux d'or, garnis de chrysolithes ; Son corps est de l'ivoire poli, couvert de saphirs ;

Ses jambes sont des colonnes de marbre blanc, posées sur des bases d'or pur. Son aspect est comme le Liban, distingué comme les cèdres.

Son palais n'est que douceur, et toute sa personne est pleine de charme. Tel est mon bien-aimé, tel est mon ami, Filles de Jérusalem.

Le lien d'amour

Je suis à mon bien-aimé, et mon bien-aimé est à moi ; il fait paître son troupeau parmi les lis.

Tu es belle, mon amie, comme Thirtsa[2], agréable comme Jérusalem, mais terrible comme des troupes sous leurs bannières.

Détourne de moi tes yeux, car ils me troublent. Tes cheveux sont comme un troupeau de chèvres, suspendus aux flancs de Galaad.

Tes dents sont comme un troupeau de brebis, qui remontent de l'abreuvoir ; Toutes portent des jumeaux, aucune d'elles n'est stérile.

---

[2] Thirtsa est une ville célébrée à cause de la beauté de ses environs. Selon le dictionnaire biblique Bosh, Thirtsa signifie : grâce, beauté.

Ta joue est comme une moitié de grenade, derrière ton voile…

Une seule est ma colombe, ma parfaite. Elle est l'unique de sa mère, la préférée de celle qui lui donna le jour. Les jeunes filles la voient, et la disent heureuse ; Les reines et les concubines aussi, et elles la louent.

Qui est celle qui apparaît comme l'aurore, belle comme la Lune, pure comme le soleil, mais terrible comme des troupes sous leurs bannières ?

Je suis descendue au jardin des noyers, pour voir la verdure de la vallée, pour voir si la vigne pousse, si les grenadiers fleurissent.

*Le véritable amour pour Dieu et les autres,
consiste à rechercher le bien-être des autres sans rien
attendre en retour, particulièrement envers ceux qui
sont dans le besoin.*

Portrait de la bien-aimée

Comme tes pieds sont beaux dans tes sandales, fille de roi ! La courbe de tes hanches ressemble à un collier créé par un artiste.

Ton nombril forme une coupe où le vin parfumé ne manque jamais. Ton ventre ? Une colline de blé entourée de jolies fleurs.

Tes seins font songer à deux cabris, aux jumeaux d'une gazelle.

Ton cou est pareil à la Tour d'ivoire. Tes yeux sont les étangs de Héchebon, à la sortie de cette grande ville.

Ton nez est beau comme la Tour du Liban, qui monte la garde en face de Damas.

Ta tête se dresse bien droite comme le mont Carmel.

Tes longs cheveux ont des reflets de vieil or, un roi est pris dans ses boucles.

Tu es vraiment belle, tu es vraiment gracieuse, mon amour, toi, ma joie !

Tu as l'allure d'un dattier, et tes seins en sont les fruits.

J'ai dit : « Je monterai au dattier, je cueillerai ses fruits. » Que tes seins soient pour moi comme les grappes de raisin !

Que le parfum de ton souffle ressemble à l'odeur des fruits !

Que ta bouche soit délicieuse comme le bon vin !

Je suis à celui que j'aime, sortons ! Allons passer la nuit au village.

Le matin, très tôt, nous irons dans les vignes. Nous verrons si elles sont en fleur, si les boutons sont ouverts, si les grenadiers fleurissent. Là, je t'offrirai mes caresses.

Les fruits d'amour donnent leur parfum. À notre porte, nous avons toutes sortes de fruits délicieux, des nouveaux et des vieux. Je les ai gardés pour toi, mon amour.

Le bonheur d'être aimé

Ah, si seulement tu étais mon frère, nourri au sein de ma mère ! Dehors, quand je te rencontrerais, je pourrais t'embrasser, et les gens ne me mépriseraient pas.

Je te conduirais dans la maison de ma mère, et tu m'apprendrais l'amour. Je te ferais boire du vin parfumé, du jus de mes fruits rouges.

Sa main gauche soutient ma tête, et son bras droit me serre contre lui.

Qui est cette femme qui arrive du désert, appuyée sur son ami ?

Pose-moi sur ton cœur comme un bijou précieux, garde-moi près de toi, comme un bracelet gravé à ton nom.

Oui, l'amour est fort comme la mort. On ne peut rien contre elle.

Elle brûle comme un feu, elle tombe comme la foudre.

Toute l'eau des mers ne peut éteindre l'amour, et l'eau des fleuves est incapable de le noyer.

Si quelqu'un donne toutes les richesses de sa maison pour acheter l'amour, on le repoussera avec mépris.

Si elle est solide comme un mur de défense, nous bâtirons sur elle des tours d'argent pour la protéger.

Si elle est une porte, nous la bloquerons avec un tronc de cèdre.

Moi, je suis un mur de défense et mes seins sont pareils à des tours. Alors, pour lui, je suis celle qui apporte le bonheur.

Salomon, les mille pièces d'argent sont pour toi. Et voici deux cents pièces pour les gardiens de la vigne.

Mais ma vigne à moi, je la garde moi-même.

Toi qui es assise dans le jardin, des camarades tendent l'oreille pour t'écouter. Mais c'est à moi que tu dois dire : « Pars vite, toi que j'aime ! Cours comme la gazelle ou le petit de la biche, sur les montagnes parfumées. »

Le pouvoir de l'amour

L'amour est plus puissant que les torrents d'eau et les flammes, il est l'arme des forts qui surmonte toutes les difficultés.

La clé pour vivre dans l'amour est de cultiver en chacun la paix, la joie, la patience, la bonté, la bienveillance, la fidélité, la douceur et la maîtrise de soi.

En agissant ainsi, chacun d'entre nous prend en considération les intérêts des autres au lieu de se concentrer sur lui-même.

En vérité, sans l'amour, aucune pratique, aussi spirituelle soit-elle, est dénuée de sens !